풀꽃 경배

원종태 시집

신생시선 · 41
풀꽃 경배

지은이 · 원종태
펴낸이 · 원양희
펴낸곳 · 도서출판 신생

등록 · 제325-2003-00011호
주소 · 600-013 부산광역시 중구 중앙동 3가 12-1
w441@chollian.net www.sinsaeng.co.kr
전화 · 051) 466-2006
팩스 · 051) 441-4445

제1판 제1쇄 · 2015년 6월 25일
제1판 제3쇄 · 2020년 12월 24일

공급처 · 도서출판 전망

값8,000원
ISBN 978-89-90944-43-6

이 도서의 국립중앙도서관 출판예정도서목록(CIP)은 서지정보유통지원시스템 홈페이지(http://seoji.nl.go.kr)와 국가자료공동목록시스템(http://www.nl.go.kr/kolisnet)에서 이용하실 수 있습니다.(CIP제어번호: CIP2015016397)

시인의 말

나무 한그루에도 온 우주가 있다합니다. 바람 햇살 비바람 안개 이슬 별빛 달빛 새 벌레들의 거처를 없애고 지은 종이 집이 초라합니다.

시인은 대신 울어주는 사람이라는데 혼자 울기에도 벅차 미안한 세상입니다.

여름숲에는 보이지 않는 소리, 들리지 않는 빛, 말하지 못하는 것들의 이파리들로 환합니다.

남의 가슴을 울리기 전에 먼저 내 가슴은 울었던가. 삶을 시에 밀착시키고 시가 삶을 꿈꾸게 하는 자리에서 노래여 분투하라는 글을 다시 새깁니다.

원종태

차례

제3부

제1부

시들어가다

나 하늘말나리 핀 언덕에 들어가
초록의 집을 짓고 시들어가겠다

지붕은 우체통 같이 빨갛게 물들이고
혹여 길 잃은 새들 부딪치지 않기를 바라면서,

지난 여름은 뜨거웠다 말하지 말자
마음 한 끝에 매달린 풍경은
매미처럼 울던 날들을 기억하겠지

문득 어느 결 좋은 바람이
몇 십억 광년 사이를 스쳐지날 때

높고도 쓸쓸한 꽃대는 흔들리면서
별똥별을 주으러 간 아이를 기다릴 것이다

그리하여 바람의 경전을 암송하는 동안
초록의 집은 시들어가겠다

소매물도 폐교

망해도 아름답게 망했다
망망 남해바다 섬 한 점에, 폐교

소매물도 분교는 1961년 개교해 131명을 배출하고 1996년 폐했다

서른다섯 해, 요절하기에 그럴듯한 나이다

이제 학교장은 회화나무다
교감은 후박나무로 하고
담임선생님은 동백나무 숲이다
미술 선생님은 없어도 되겠지
너도, 나도바람꽃은 동무들이다
음악 선생님은 어디에 있을까
풍금을 타는 손가락이 수선화를 닮았던가
시소는 풍금소리 따라 솔라시로 올라가다가
시라솔파미 하고 내려온다
바다는 하늘에 붙었다가 땅에 붙었다가
마을 앞 가리여가 보였다 말다 한다

그네 속에는 갈매기들이 끼루룩 산다

그네가 하늘높이 올라갔다 툭, 사라진 자리
동백꽃 점점이 박혀있다 울렁이다가
녹슨 철봉 앞에서 그만, 꽃송이를 뿌린다
짠내 나는 가시나 머시마들아 동박새야
지지배 지지배 포로롱 날아간 것들아

섬은 남남동으로 항진하고
마을은 그리움에 익숙한 얼굴로 서쪽을 본다
섬마을 꼭대기 조타실 같은 곳에 폐교 하나
망해도 아름답게 망했다
무너져도 폼 나게 무너져 주겠다

외도 해상공원

식물들의 낙원이란다
낙원이란 항상 바깥에 있는 것이어서
외도,
이름이 노골적이어서 좋다

남유럽의 붉은 태양과 아프리카 밀림이
아랫도리를 드러낸 채 웃고 있다

환속한 시인들이 여기저기에
난전을 펴 놓고 바다를 팔고 있다

외도는 섬이 저질렀는데
동백꽃들이 신발을 벗어놓고 투신하는 바다
불륜은 해마다 붉은데 바다는 더욱 푸르다

당신은 바깥에 와서 더 바깥이 그립다고 한다
낙원과 변방과 세속 사이
보이지 않는 곳에서 꽃이 피고 또 진다

된바람과 함께 온 당신과 뒹군 흉터가

바다 위에 자글자글 흰 파도친다

저녁 햇살이 머리끄댕이를 잡아당기자
수평선은 더욱 팽팽해지면서
섬을 끌고 돌아가는데

무엇을 두고 온 듯
한 번 더 외로워지는 곳,
섬 밖에 섬이 있다

변산바람꽃

대개 꽃은 해가 뜨면 피고 해가 지면 다문다
산도 말문을 닫고 가만히 듣기만할 때가 있다
어떤 경지 어떤 경계에 봄비 오신다
절집 늙은 스님은 염불인데
귀 쫑긋 들어주는 노루귀 한 잎 없고
북사면에 언 발 담근 채 얼레지 얼얼하다
비가 와도 더러 꽃이 피고 달이 뜬다
바다에서도 꽃은 솟아난다 인당수 심청이처럼
간절함이 꽃을 피운다
마음속에 빛나면 죽은 것은 죽은 것이 아니다
너에게 가는 길은 언제나 전광석화, 직선이기를 바랬으나
돌아보면 늘 에돌아가거나 잘못 들거나 잃어버렸다
잊었을 때 반짝 빛나는 당신은
외로워지는 것이 생존 전략인 것을
계곡이 깊고 높아지면서 바람이 전하는 말
변산바람꽃 한 잎 피신다
세상 어디에도 무릎 꿇을 곳 없어서
당신 앞에 무릎을 바치며
꽃그늘에 몸을 숨긴다 입을 닫는다

각시붓꽃

세상에 모든 뒤척이는 것들아
그곳에도 봄은 왔는지 가는지
몸 뒤척여 별빛에 적었을
쪽지 한 장 편지 한 잎
이장한 무덤가에 무너진 나무 아래
각시야 각시야 청보라 각시야
각시가 될 뻔했던 어린 소녀들아
황사 하늘 긁어대는 푸른 손가락들아
각각 전생의 모습 후생의 색깔대로 호명받아라
무덤 위에 무덤을 쓰고
주검 위에 주검으로 피어나는 꽃,
꽃피는 지옥

거처

새와 물고기에게 물어보라
곤충과 풀잎에게 물어보라
아무리 추워도 새는
지구밖 다른 별로 날아가지 않는다
광속의 날개가 없어서가 아니라
한 번의 날개 짓으로 구만리 장천 날지 못해서가 아니라
아무리 뜨거워도 물고기는
물밖으로 떠나지 않는다
심해로 심해로 밀리다가 밀리다가
더 갈 곳 없으면 주저앉은 채 꽉 죽어버리면 그 뿐
가장 살기 좋은 곳은 또한 가장 죽기 좋은 곳
이 곳이었구나 이 곳이었구나
생명들의 거처
새는 하늘을 버리지 않고
물고기는 바다를 버리지 않는다
곤충은 나무를 버리지 않고
풀잎은 흙을 버리지 않는다

아무리 배고파도 새는
콩깍지 한 점으로 배를 채울 뿐

무겁지 않다
바람이 날개를 받쳐주고 산들이 갈 길을 일러준다
아무리 배고파도 물고기는 한 모금 물로 배를 채울 뿐
욕심이 없다
해류에 몸을 맡기고 바다의 노래를 듣는다
곤충은 한 잎 잎사귀만 먹고
풀잎은 한 줄기 이슬만 머금고
더는 취하지 않는다

여차하면 떠날 준비로 시동걸린 자동차에게
하늘과 바다를 삼키는 황금사슬에게 묻는다
묻는다 새와 물고기의 이름으로
곤충과 풀잎의 이름으로 묻는다

적멸 목욕탕

한 발자국만 움직여도 세상은 늘 지뢰밭이다

음주운전처럼 비틀거리던 푸대자루 몇 묶음

돌덩이처럼 가라앉는다

더운 김은 전생처럼 어지러이 피어오르는데

잡담은 불경처럼 성스럽고

아이들의 장난소리도 풍경소리처럼 그럴듯하다

연꽃탕 보글보글 피어오르는 물방울들

순간순간 공이다

나이아가라 폭포 몇 줄기 그림에서 막 미끄러지자

미역감던 조선 여인들은 벽속으로 들어가면서

힐끔힐끔 이 생을 훔쳐본다

반가사유 폼을 잡는 사내의 등을 타고

가끔은 용도 승천하는 때가 있다니

피-우 피-우 피안은 멀지않다고

염소얼굴을 한 영감들이 열탕에서 자꾸만 게송을 왼다

가부좌를 틀고 모두들 적멸하는 오후

고맙습니다

가게하다 망한 친구 얘기 했제
요새 소개비 만원 주고 일당 8만원
인력시장 나간다는 친구
퇴근 길 차 이마빡에 턱,
퍼런 주차딱지가 붙어있더란다
에라이 4만원, 반 대가리 날라갔네
그런가 했는데
어린이보호구역이라 9만원
시동도 못 걸고 한 참을 떨리더란다
그래 놓고도 내가 잘 몬했지머
좀 편할라꼬 하다가,
씁뻑씁뻑 웃기만 한다
아내한테 말도 못했다는데
일당보다 과태료가 많아
욕 나온다 욕 터진다 그러다가
대놓고 욕할 곳이 없더라
하소연할 데가 없더라
둘이서 키득키득 욕 기어들어간다
자진납부하면 20% 할인해준다네
고맙습니다

할미꽃

한 달에 한 번 화장지 팔러오던 할머니
봄처럼 다리를 절던
12개들이 한 묶음 오 천 원도 받고 만 원도 받던

봄 그치자 뚝, 발길 없다

어느 언덕에서 그 생 다 팔았나보다
평안하시라

남해금산

끝내 오르지 못하는 산 하나 있다

우리가 정말 사랑했을까* 물음이 올 때
누구는 저 산에 오른다고 말했다

가만히 귀 기울여주는 굴참나무숲에서
오래토록 서 있었다
시릿대숲에서 시릿시릿한 바람이 새어나온다

위로받지 못한 청춘의 날들이
바위에 서툰 글씨로 적혀있는 것을 본다

민들레 홀씨는 가벼워서 멀리 가겠구나
히말라야 갠지즈 강이 좋아
돌아오지 않는 여행자를 생각한다

바위는 바람을 불러 제 몸을 깎고
별빛과 달빛에 씻은 제 몸 조각들을
남해바닷가 모래알로 뿌려 놓았다

붉은 노을 조각조각 물결에 밀려 떠나가는데
끝내 입술을 넘지 못하는 말하나
바위속에 쿵쿵 던져두고 온 날들이었다

* 강허달림의 노래제목

소매물도, 아다지오

어쩌다 마음의 뼈가 부러질 때
조증과 울증 사이에 매달린 현악기가 길게 울어댄다
오르간의 바람통이 뱃고동 소리를 낸다

등뼈를 후려갈기고 누군가 떠나가고 있다

나를 담았던 푸대자루에서 바람이 깊고
또 느리게 나드는 것을 본다

낙타 한마리 바다 사막을 막막하게 걸어가고 있다
고래들이 모여서 생을 마감한다는 해구까지는 너무 멀어
그곳에 섬을 심어 두었던 것이다

당신과 함께라면 어디든지 갈 수 있으리라 생각했다
별들이 폭죽처럼 빛나는 날 별똥별을 타고 가리라

궤도를 이탈한 유성과 같이 긴 꼬리를 물고
몇 억 광년을 한없이 유영하다가 문득,
당신이 끝나면
아름다운 지옥으로 되돌아오고야 말겠지만, 말겠지만

동백 계절

겨울과 봄은 서로 교집합이지요
꽃과 무덤이 너무 가까이 있네요

뿌려진 모가지들 앞에서 당신은
루주* 바른 첫 입술로 말했지요

이 길을 어찌 건너갈까요?

우물쭈물하다 전화통이 더욱 붉어졌을 때
수화기는 털커덕, 떨어졌지요 미안해요

그 사이 몇 천 년 흐른 것 같은데
지고 나서야 당신, 비로소 피어나네요

그 길을 어찌 건너왔을까요?

겨울과 봄 사이 붉은 계절이 있어서
동백이라 부르고 이별이라고 쓰지요

*루주 : 프랑스어 rouge. 립스틱.

풀꽃 경배

개별꽃을 볼 때는 무릎 꿇고 경배하라
갓난쟁이 손톱 반달보다 작은 별 앞에
쪼그려 앉아라 무릎 꿇어도 좋다
오체투지하라
낮은 포복 엎드려 쏴 자세도 좋아라
포복이나 엎드려 쏴는
전쟁할 때만 필요한 게 아니다
진심이 만든 자세가 아니어도 좋다
마음은 몸을 따라가는 것
몸의 자세에 대해서가 아니라
몸의 마음에 대해서 말하는 것이다
인간 동물들아
그대 처음이었던 푸른 혈맥을 따라
식물성에 경배하라 몸을 낮춰라
개별꽃 한 닢 개불알꽃 한 쪽 앞에 웅크린 짐승을 보라
노루귀 앞에 두 발 공손한 산짐승을 보라
이 순간만이라도 꽃이란 꽃은
예수고 부처고 알라다 창조주다
우주에 처음 아닌 것이 어디 있던가
봄의 저작권에 인세를 내라

가장 작고 가장 낮음으로서
가장 높아지는 이 역전승 앞에
무릎을 바쳐라 오체투지로 경배하라

가조도 페리호

배는 아지메들 입발동發動소리로 간다
씨버리쌓는 소리도 소리지만
엎어지면 코닿을 몇 분 동안을 못참는 발동
배 엔진은 물러앉은 영감처럼
웅웅거리는데
"아지메요 아지메요" 주고받는
소프라노는 이어진다

"주디가 두 개라서 말도 잘 한다요"

"어느 영감탱이고"

암소들도 염소 몇마리도 강아지도 달구새끼도 제 웃음소리를 낸다
배가 흔들거린다
운임표도 덩달아 킬킬댄다
대인大人500원 소인小人300원
큰소大牛3,000원 작은소小牛2,000원
큰개大犬500원……

농담처럼 사람이나 개값이나 같다

성포와 가조도를 잇는 가조도 페리호
사람들도 짐승들도
제 배삯만큼 떠들면서 간다

2009년 성포와 가조도를 잇는 연육교가 생기면서
가조도 페리호는 사라졌다

풍장

폭포는 아래로 떨어지고 바람은
하늘로 솟아 오른 절벽 바위 틈에
독수리 주검, 엄숙하다

육탈하는 동안 주인은
희디흰 뼈마디를 내려다 보고 있다
먹이가 죽을 때까지 기다리던 습성대로
바람이 숨을 거두는 시간을 조용히 바라본다
주검이 가지런하다

흰 머리뼈는 허공을 등지고 있다
독수리는 마지막 활강을 하면서
뒤돌아 보지 않았던 것이다
접지 못한 날개 뼈는
캄차카반도 만주벌판 시베리아 몽골고원
그 상승기류를 기억하고 있다

먹이도 굶어죽는 겨울이었다 봄은 가고
산은 정색을 하면서 푸르러지는데
떠나지 못한 육신은 더욱 희다

두 눈은 차가운 고향을 닮아 투명하게 탄다

가장 높은 곳이 가장 낮은 곳이 되는, 절벽
바람에 매달려 빛나는 흰 뼈무덤

얼레지

한송이 꽃으로는 봄날을 이룰 수 없으나
내 가슴에 꽃 한송이 피우지 않고는
봄날도 사랑도 남남
그 사이 천년 강물 흐른다

거제도 계룡산 7부 능선
내 생애 처음으로 그 꽃이 피었다
피어서 그 고운 꽃잎으로
나는 얼레지여요
라고 말하는 것이다

한마디 말을 위해 그는
몇 억 개의 잘린 혀가 필요했는지 모른다

밀밭의 역사

뒷산에서 내려온 바람이 어젯밤부터 저 밀밭하고 수군대기 시작했다.

바람과 밀밭이 관계하는 것이 궁금했지만 그 소리가 금속성이어서 사뭇 안타까웠다.

때문이었을까 휘파람새가 추임새를 넣어주고 별은 더욱 총총해지는 것이다.

또 밤 사람이 내려와서 매달아둔 보리밥을 털어먹는 날도 많았다. 개들도 짖지 않는 밤이었다.

선생님이 가정방문을 오는 날이면 달려가 숨기도 했던 밀밭이었다. 쏴아한 풋내가 서러웠다.

초록의 바람이 맥을 탁, 놓고 사위어 가면 산꿩 새끼들이 콩콩콩 튀어나오곤 했다.

논, 화엄

벼 피 새풀 자귀풀 뚝새풀
물질경이 물달개비 통발 물옥잠 보풀
고마리 방동사니 방동사니아재비 마름 골풀
삘기 구와말 쇠뜨기 개느삼 강아지풀
패랭이꽃 엉겅퀴 냉이 꿀풀 애기똥풀
씀바귀 조밥나물 물매화 며느리밥풀
질경이 짚신나물 사위질빵 물봉선 이질풀
찔레꽃 주름잎 뻐꾹채 미나리 닭의장풀
제비꽃 오랑캐꽃 메꽃 민들레꽃
돈나물 마타리 자운영 부평초 개구리밥 콩
무당벌레 물잠자리 밀잠자리 등줄실잠자리
호랑거미 늑대거미 소금쟁이 벼메뚜기
청개구리 참개구리 무당개구리 아무르산개구리
뜸부기 백로 중대백로 논병아리 흰뺨검둥오리
유혈목이 물재수 능구렁이 제비
도룡뇽 도마뱀새끼 물땡땡이 잔물땡땡이
두꺼비 우렁이알 짚신벌레 올챙이
물자라 송장헤엄치게 송사리 게아재비
물방개 땅콩물방개 꼬마줄물방개 개미
물달팽이 물장군 수정또아리 미꾸라지 거머리

우렁 드렁허리 장구벌레 깔다구 장구애비
긴꼬리투구새우 풍년새우 가재 붕어 실지렁이
강아지 염소 송아지 비오는 날 일하는 소
물컹한 흙 논물드는 소리
아버지의 희디흰 복숭아뼈 무덤

진다는 것

폐업 글씨는 왜 항시 붉은가

통짜로 완전히 망했습니다

다시는 돌아오지 않겠다는 듯

'망' 자 소리가 당당해서 좋아라

철지난 시간을 팔고 있을 수 없어

자진폐업하고야마는 여름 난전

이별을 던지고 돌아선 어깨 위에

단물 다 빠진 껌 딱지 위에

툭툭 흥건한 능소화

가차운 산은 푸르고 먼 산은 검은데

당신은 피어나라 나는 져주겠다

패배 인사 한번 붉다

푸른 사랑

모든 그림은 패배의 기억이라는 것을
그 겨울 암각화는 희미하게 말했지

사슴을 비켜간 창은 허공에서 난감하고
고래보다 더 큰 작살과 과장된 남근
멧돼지를 놓쳐버린 사냥꾼들의 축제는 끝나서
바위 앞에 무릎을 꿇고
그림을 새기는 낯익은 얼굴

오십 줄 사내의 왼쪽 팔뚝을 보라
동전만한 하트와 사랑, 이라는 푸른 상형문자
사랑, 을 방금 통과한 화살의 긴장
폭풍우의 어느 항구 여인숙이거나
밑천을 다 바쳐버린 목로주점 골방이거나
살을 찌른 바늘은 뜨겁고
그날의 맹세는 푸르렀으리라

살도 때로는 부서지지 않는 바위 같아서
사랑, 은 제 살 속을 파며 희미해져도
화살은 여전히

바깥이기도 하고 제 살 속이기도 한
어디를 향해 푸르게 날아가고

언양 반구대

바람이 내 몸을 탁본해
태화강 맑은 물에 던지더라

울주군 언양 반구대
물끄러미 서서 바라보는데

시간은 꺼꾸로 꺼꾸로 흘러
언제나 스무 살의 그 여자
물푸레나무 앞에서 웃고 섰는데

먼먼 동해에서 불어온 바람의 젖가슴은 부풀고
고래는 꽃핀다, 피어서
돌 속으로 첨벙 뛰어들었다
바람이 나의 뼈를 탁본해 함께 갔다

고래 호랭이 멧돼지 사슴 늑대
거북이 곰새끼 토끼 여우 물고기들과
짐승의 시간이 좋았더라

팽팽한 저녁

해질녘에 줄을 타고 내려오는
거미를 보면 재수가 좋다
할머니는 고 고물고물하는 것을 스윽 잡아
봉창, 밖으로 내보내 주는 것이었다

서산에 걸린 해는 진력을 다해 빛 화살을 쏘는데
빌딩 끝에 매달린 청소노동자, 바쁘다
지상 18미터 줄 한 가닥에 매달린
생이 주렁주렁하다

안쪽에서 팽팽한 바깥을 본다

제2부

목장갑

농사는 절대 짓지마라
노가다는 하지마라
책상에 앉아서 펜대 굴리라
면서기라도 되어라 공부해라

공사판에 걸린 목장갑이 말을 걸어온다

아버지의 빈 도시락에는 늘
보름달 빵이 들어있었다
참으로 나온 그 빵 속에서
토끼새끼는 쿵쿵, 방아 찧고 있다

퇴행

아기는 아내 자궁속에서 점점 자라는데
나는 날마다 한 움큼씩 줄어든다
어제는 근육도 팽팽한 팽나무 만했는데
오늘은 엉겅퀴꽃 키 만큼 작아져서
엄마가 일하는 밭두렁에 피었다
바람따라 몸을 자꾸 흔들면서
엄마 엄마 머하노 노래부른다
오디 씹은 보라색 주둥이가 좋다
엄마는 먼산 한 번 보고는 호미질만 한다
저녁밥을 먹고 애기똥풀 만큼 더 작아졌다
마당 한 구석 지상 몇 센티에 꽃망울을 달고
나는 봄바람 따라 살랑살랑 웃는다
엄마는 아가아가 우리아가 설거지하다 으른다
샛노란 똥구녕이 좋다
밤이 내릴 때 나는 머루씨보다 더 작아져서
엄마 자궁 속에서 헤엄치고 물구나무 선다
새까만 밤하늘이, 순간 튕겨 오른다
세상은 날마다 자라는데
나는 날마다 줄어든다

감자꽃 편지

-감자를 언제 파야 좋을지 누가 알켜주세요
꽃은 따야하는지, 내버려 둬도 되는지
가물어 노릇한 이파리, 물만 주고 못 본 척 해도 되는지
좀 자랐다든가 묵을 만 하다든가
줄기를 땡겨보는 것도 실례인 것 같고……

-우떻게 그 속 마음을 알겠습니까
남들 안볼 때 살짝 훔쳐볼 수 밖에요
그 마음 익어가는데 무엇이 얼마나 애써왔는지
때가 되면 가르쳐주겠지요, 라고 답해놓고
꽃은 따야하는지, 에 마음이 걸렸다

몸 굵어지려면 그 꽃 따야 한다는데
비와 바람에 미안해서 어떻게 자진하겠는가
감자는 또 미안해서 자꾸만 마음을 졸이고 있겠지요
꽃은 사랑하고는 아무런 관련이 없어요
꽃으로도 피지 말지, 감자꽃!

물푸레나무 한 그루

그 여자한테는 언제나 물소리가 났다

흉터는 상처가 넘쳐나는 것을 막는 경계

물푸레나무의 구멍에 대해 생각한다

팔이 잘린 자리 생살을 도려낸 자리에 들어선

검은 집들은 언덕배기에 있었다

부엉이 한마리 밤처럼 깃들어 울어주었다

능구렁이 두꺼비 한마리도 사글세 들었다

여름처럼 울던 매미를 제물로 바쳤다 어린 나는

해마다 돋는 푸른 입 푸른 입술의 날들

바람의 제물로 산화했으니

그 나무속에 들어가 한 천 년 잠기고 싶었다

묵언수행의 늙은 물푸레나무 한 그루

민들레

부딪쳐본 사람은 알지
알지 머리를 처박아 본 바람은
저 벽의 막강한 결집
어디에도 없어라 틈 하나
어디에도 없어라 발 붙일 흙 한줌
그래서 너는,
온 우주를 쏘다니던 먼지 한 알
제 눈물로 몸을 피워 물고
나는 민들레다 민들레다 민들레 꽃이다
스스로 피는 것만이 꽃이다

바람 불자 유언장도 없는 비상
화살 한 촉의 부드러운 곡선
과녁은 멀면 멀수록 아름답다고
그 어떤 근원을 향하여
너의 비행은 얼마나 작은가 이 밤에
기습적으로 침투하는 낙하병처럼
착지하는 것이다
아스팔트 틈 콘크리트 틈 갈라진 곳
그 어느 틈새라도 좋다

그 어디에 착지해도, 착지하지 못한다 해도
나는 민들레다 민들레다 민들레 씨앗이다

화개십리

총알 맞아 구멍 뚫린 꽃잎들아

희디힌 살육의 날들이여

이제 묵비권으로 서 있는 나무 앞에 기울어

용서를 구한다

무수히 쏘았던 총알들 다시 되돌릴 수는 없지만

그 마음들을 일제히 회수한다, 미안하다

외로워서, 속수무책으로 젊어서

화개십리 벚꽃은 피고 또 졌던 것이다

저녁은 완행버스처럼 깊어지는데

그대가 불러도 다시는 가지 못하리

형벌을 자처한다

바람의 언덕* 1

밤새 폭풍우치다
바다와 바람이 관계하는 소리가 팽팽했다
그 소리의 크기와 색깔, 냄새에 대해 여행자들은 각자의 수첩에 기록할 터이지만,
바다의 뿌리까지 찍어내고야 말겠다는 열애의 끝
세상이 열리고 푸른 언덕 하나 솟아있더라

저 염소는 바람의 아들이거나 딸 일거예요
세상은 유형流刑이 아니면 유랑이지 않을까요

꼭
사랑했다
정말로
안아줘
외로워요
헤어지자
말들이 바람의 칼날에 잘려서 어지럽더라

실연당한 바다가 허연 머리카락을 잘라서 날려 보내며 어깨를 들썩일 때

그래, 세상은 별 것 아니다
절벽에 흰 고무신을 벗어놓았던 해당화
바람의 발목을 잡고 기어오르고 있다

*거제도 해금강 입구 도장포 마을에 있는 작은 언덕, 여행지

산티아고에 비가 내린다

산티아고에 비가 내린다

그해 겨울 낯선 영화
낯선 이름 산티아고

검푸른 바닷가에 비가 내리면
광장 높이 비둘기 떼가 솟았다

칠레의 수도 산티아고
영화는 끝나도 비는 내리고

그 여자 탄환이 되어
내 가슴에 꽂혔다

비 내리는 산티아고 언제나
스무 살의 낯선 그 여자

그리움의 대척점 산티아고
산티아고에 비가 내린다

삼천포 1936

평안도 사내 백석이라는 시인은 흰 자작나무같이 목이 길었다 스물넷의 나이에 우찌우찌하여 통영 출신 란이라는 여자를 사랑하게 됐단다 열여덟의 그 여자는 물새같은 처녀였다 그 여자 사랑에 서너 차례 통영을 오가던 길목, 삼천포에 들러 시 한편을 남겼으니 그 제목이 삼천포(남행시초4)다.

옮겨보자면 1936년 어느 봄 삼천포의 어느 거리다 졸레졸레 도야지 새끼들이 걸어가고 잿더미에 까치도 아이도 아지랑이도 오르고, 해바라기 하기 좋은 볏곡간 마당에 볏짚같이 누우란 사람들이 둘러서서 누우라니 말다툼하고 소는 길마를 지고 졸고 있다 아 모두들 따사로이 가난했다 한다.

시인이 오래 그려오던 처녀는 그렇게도 살틀하든 동무에게 시집을 가 버렸다한다 젊은 사랑이 어긋나는 것은 예삿일이기로, 다만 북도와 남도의 한 연애로 하여 여기 따사로운 시 한편 남은 것을 생각한다.

금강산기

단풍은 산에만 드는 것이 아니어서 살얼음 아슬아슬한 날 금강산에 들었다

골탕 바른 전봇대 흙바람 길에 부역가던 엄마 아부지들이 되살아나더라

전봇대 꼭대기마다 뚱딴지가 누우래서 거무테테한 전깃줄이 찌르르 눈을 찔러 백열등을 켰다

미인은 기념품처럼 날렵했지만 헤퍼서 쓸쓸해졌고 보위부 청년은 덩치가 작았으나 산세를 닮아 단단했다

오줌은 1달러 똥은 5달러 간이화장실마다 괜히 똥을 누고 싶어졌는데 신병훈련소처럼 변비는 군기가 단단히 들었다

외화벌이라기도 하고 금수강산 지키기라고도 했지만 들쭉술이나 냉면에 설사약이라도 좀 타지 바보들아

망양대 올랐을 때 절벽에 위태한 소나무 한그루 붉고 해금강 동해바다는 인민의 얼굴처럼 깊고 푸르렀다

만물상 입구 해설은 안하고 자꾸 나만 쳐다보던 연두 동무, 단지 그 이름 때문에 연두색이 좋아라 또 연우 연주 연지 연이도 다람쥐 꽁지처럼 덩달아 좋아졌다

산은 산 물은 물이 아니어서, 나는 속세의 국경을 넘나들며 유정도 병인양 산처럼 첩첩했다 이제사 고백하건데 국가보안법에 걸려도 어쩔 수 없지만 단풍잎 한 장 파리하게 숨겨왔는데 통관담당 그

동무가 모른 척 해줬으니,

다만 그 산 절벽에 위태한 붉은 금강소나무 한 그루를 생각하는 것이다

소나무 1950

꽃밭등에 소나무 한 그루 서 있다

매화 진달래 다녀가고 개복숭아꽃 핀다

봄은 왜 이리도 자주 오노

다 꼬부라진 할매 꽃 빤스를 내다넌다

핀다는 것은 새어나오는 것

지나간 시간이 피어나는 것

소나무 한 그루 가슴 높이에

녹슨 총알 한 잎, 박혀있다 피어난다

오늘은 할매 제삿날이다

미륵산

통영 미륵산에서 미래사 가는 길을 묻는데

"미래의 일을 어떻게 알겠능교?"

"미래사는 있는데 과거사도 있습니까?"

"과거사는 없고 산 너머에 용화사가 있지요."

미래사 편백나무 숲 길에서 만난 사람

여자였는데 분명 여자였는데

5월

능지처참의 꽃잎이 흩날리는 날들이었다

5월이 내 생의 8할을 물들였다

첫사랑이 깨어준 보도블럭에는 피가 묻어 있었다

스무살 그 여자는 부르주아였지만

마스크를 하고 진땀을 흘리며 돌을 날랐다

돌이 따뜻해서 안쓰러웠다

바람 불자 일제히 하얀 잎을 드러내는 플라타나스 거리가 좋아

우리는 거리와 연애했다

몇은 감옥으로 걸어서 가고

몇은 둘째 손가락 두 마디를 잘랐다

한 친구는 죽음으로 사랑을 고백했다

그러므로 나는 살아있다 살아서

능지처참의 꽃잎 위를 걷고 있다

김광석을 듣는 밤

기타 하나로 기타의 생들을 위로하였더라
상처입은 사람들의 어깨를 쓰다듬어 주던 목소리
막차를 보내놓고 주섬거리던 시절의 눈빛
끝내 통화가 끊겨버린 애인의 집 앞에서
쓸쓸한 고백을 대신 전해주던 입술은 늘 떨려왔네

생의 절정에서 기타 줄은 끊어졌지만
어떤 절정이지 않고서 누구의 가슴에 닿겠는가
온몸을 울어대는 귀뚜라미로 하여 한 계절은 오고 또 갔다

모든 행동에는 어떤 전조가 있었지만
일어나를 노래하며 일어나고 싶었지만 마침내,
쓰러져버린 술잔 위에
노래는 밤이슬처럼 내려 쌓이는데

기타치는 손 기타의 검은 몸통
노래하는 검은 입 팽팽한 하모니카의 구멍
검은 입속으로 한 시대가 빨려들어가고 또 나오는 밤

생의 절정에서 기타 줄은 끊어지고

어느 바람의 나라를 지키는 이등병이 되었는지
바람이 불어오는 곳 광활한 만주벌판
어디쯤서 기타 하나 매고 걸어가는지 다리를 절며
끝내 부치지 않은 편지 한 장 쓰고 있는지

그 누구도 이 길을 따라 가지마라
너무 아픈 사랑은 사랑이 아니었음을
너무 아픈 사랑은 사랑이 아니었음을

한 시대와 함께 사랑은 갔지만
새로운 시대는 아직 오지 않았다 오지 않을 지도 모른다

이제 누가 있어 목소리 하나로 세상을 울리게 하리오
상처입은 술잔에 위로의 노래 채워주리오

숨어서 울 곳이 필요하다

장마는 상처 난 아스팔트에 대놓고 소금처럼 뿌려 쌓는데

여러분 많이 외로우셨죠?

그해 6월 어느 밤 서울시청 광장, 시국 미사를 집전하던 천주교정의구현사제단 한 신부님의 강론 첫마디

그 한마디
참 길고 긴
말 한 마디

순간 천둥치고 빗줄기는 주먹만 해졌다.

늙어가는 사내들은
숨어서 울 장소가 필요하다
높은 산 바위틈에 웅크리고 상처를 핥는 짐승처럼
몇 날 며칠 동안을
죽든지 살든지
부러진 마음의 뼈가 아물 때까지

우우우 바람이 어깨를 빠져나간다
빠져나가면서 컹컹 짖고 있다

나는야 옆으로 걷는다

벗이 있어
단원의 해탐노화도蟹貪蘆花圖라는 그림을
이 메일에 담아 보내왔다

게가 갈꽃을 물고 있는 그림은
장원급제를 바라는 옛사람들의 마음이란다

이미 두마리 게는 갈꽃을 가득 물었고
갈잎은 흔들거리는데
해룡왕처야횡행海龍王處也橫行라고 쓰여있다
세상에나,
용왕님 계신 곳에서도 나는야 옆으로 걷는다

게는 옆으로 걷는데
나는 잘 걷고 있는가

마음 밭

계절따라 꽃들 흘러갔네

청청 푸른 솔바람소리

물결 되어 흘러 갔네

어느 여름 밤

폭풍우 그치고 순식간

솔가지 사이 달이 떴네

강물은 흘러라 흘러가도

달은 그곳에 남아있네

쓸어도 쓸어도 쓸리지 않아라

낙엽지는 마음 밭과 같이

낙숫물 진 자리

몇날 며칠을 비가 내리고

시멘트 바닥

몇날 며칠을 낙숫물 진 자리

손톱만한 그 자리

풀씨 한 알 들어왔다

풀씨 한 알 자란다

폭설

눈보라는 철조망에 걸려 종일 운다

눈발은 비무장지대에 집중적으로 내린다

이러다간 지뢰도 밟히지 않겠어요

세 겹 두 키 휴전선도 걸리지 안카시오

어허, 발바닥이 동하는 폭설의 밤

바람 속으로

바람속으로 한 사람이 걸어간다
화살꽂힌 발목으로 걸어간다

만산이 어깨로 무등을 태우고
만강이 핏줄을 내어준 사람

봉건왕조의 마지막 적자로 태어나
민중속에서 스스로 길이던 사람

바람속으로 한 사람이 걸어간다
효수당한 머리 헹구며 걸어간다

낮은 어둡고 바람은 쓰러진다
사발통문 돌리며 쓰러진다

이 놈들아!

두 귀를 관통한 화살의 길로
바람이 소리치며 걸어간다

장마

비는 아프리카 소말리아 모잠비크 모로코 짐바브웨 알제리 리비아 사하라 고비 사막의 후레자식들이다.

새끼들이 다 빨아먹고 껍데기만 남은 어미 거미의 육즙이다.

병원복을 갈아 입히다 늙은 엄마의 젖가슴을 보았다 쓰러진 낙타의 마른 울음소리가 길게 펴져나갔다.

빗줄기는 점점 굵어지고 하늘 높이 솟아 올라갔다 비는 땅으로만 내리는 것이 아니다.

가뭄

고구마 줄기를 심어놓고
비가 오길 기다린다
비님이 오시길 기다린다

중환자실을 막 나온 아버지, 의식은 또렷한데
당신의 힘으로 대소변을 볼 수 없을 때
치욕은 구체적이어서 부자지간도 쩍쩍 갈라지고
무엇 하나 자라지 못하는 때도 있다

유년의 우물에 던졌던 두레박은 빈 하늘
이미 떠나온 시냇가는 자갈밭이다

천수답은 왜 하늘을 우러러 비루했는지
지게를 지고 터덜터덜 산 어깨를 돌아가는 바람아
뿌리는 왜 속으로 속으로 하얗게 질려갔는지

현금카드를 넣었으나 잔액이 없을 때
감시카메라에 찍힌 뒷통수가 아프다

사회단체에 다달이 만원을 후원하던 사람이

사정이 안돼 미안하다 자동이체는 중단하지만
마음만은 남겨둡니다 다시 오겠습니다
몸과 마음이 갈라진 그 틈 사이로
한줄기 비라도 내렸으면 하고 바라는 것인데

고구마 줄기를 마음 밭에 심고 온 날
이제까지 묻혀있던 것들이 한꺼번에 달려들어
고구마 밭을 적신다 적셔주었으면 좋겠다

얼음골 사과

밀양 얼음골 사과속에는
하트 모양 노란 설탕 띠가 있어서
참 달다
입안이 환해진다

그해 가을이었다
얼음골에 왜 갔는지 기억은 없고
묻지도 않았지만
난생 처음이자 마지막
부모님 함께 여행이란 걸 갔다

아픈 아버지는 차에 앉아
멀고 또 가까운 가을산만 보시기로
늙은 엄마 혼자
표충사 절간 그림자 같았다
기어오른 돌무더기에 핀 고드름, 보시기에
신기하다 참 신기하다

돌아오는 차 안에는
붉은 대추 한 되

사과 한 박스 같이 탔는데
오는 길 내내 적요가, 달달했다

여시고개

가랑비 오는 날이면 애기무덤이 있다는 돌무데기에서는 도깨비불이 펄쩍펄쩍 뛰었다.

이런 밤이면 뒷산 굴째봉 큰 굴에서는 임진년 장군들의 작전모의 소리도 수런수런 들린다 했다.

퀭한 달무리가 작은 국사봉을 휘감을 때마다 봉산재에 산다는 늙은 여시가 캥캥 울었다.

할매는 여시 울음이 그칠 때까지 빈 도구만 쿵쿵 찧고 나는 치맛자락을 잡고 꾸벅꾸벅 조는 밤이 길었다.

얼굴도 모르는 할배는 조라어장에서 장작나무와 바꾼 갈치 몇 손을 그 고개에서 여시한테 모두 빼앗겼다 한다.

뒷발로 휙휙 흙을 차 던지며 빙빙 재주를 부려서 혼을 빼놓는다는 여시, 고개 위로 달이 떴다.

무서워서 여시고개 너머로 바다구경을 갈 수 없는 날들이었다.

제3부

외포리

숨겨둔 애인이 등 뒤에서 불러줄 것만 같다
근처에는 내포리가 꼭 있어야 한다는 듯
이정표는 두리번거리는 게 일이다

바람이 피 묻은 생 대구를 말리는 동안
당신이 내 안에 들어왔다 나가는 사이
해무는 불륜처럼 번져 가는데

방파제도 두 눈 찔끔 감아주는 포구이다만
가도 가도 당신은 바깥이구나
이정표의 뒷면같이 흔들리면서

지세포만

마흔 아홉의 사내가
여든 아홉 엄마의 젖을 만진다 아직도
엄마 없으면 우찌살지, 한다

경상도 사내의 말
옴마와 엄마 사이에
어떤 울림통이 있다는 것을 알았다

몇 년 만에 만나 늦은 점심을 먹고
낮술도 없이 얼굴이 붉어졌다
세상을 알기 위해 너무 많이 떠돌아서
근처에 작은 소주방을 열겠다 한다

만灣은 바다가 밀고 들어온 골짜기
이 만 만큼 술을 마셨다 한다
바다가 오르가슴의 여인처럼 부풀어 올랐다
꺼져가는 동안을 가만히 바라본다
훔쳐보다 들켜버린 소년들처럼
알듯말듯한 불빛들이 하나 둘
바다로 뛰어들었다

동백꽃 지는 법

나에게서 미련의 그림자를 찾지마라

구차한 변명 같은 것은

내 사전 어디에도 남아있지 않다

어느 봄비 많이 내리는 날

멸문지화의 뒷모습

아름다우면 그만이리

아무 것도 가진 것 없었으니 당당했구나

온몸 푸른 바다를 쪼아대며 기억하리라

팔색조 도래지

나를 찾지 마세요
총같은 렌즈에 몰래 카메라
짝 찾는 흉내소리로 부르지 마세요

발견되는 순간
나는 사라지는 거예요
자진한 새떼들로 인해
바다는 팔색으로 물들어가요

우리들 고향은 신비
물꽃 피는 설화의 숲
전설 위에 둥지를 튼 소문 같은 곳

무지개가 뜨면 돌아왔거니
가슴에서 휘파람이 새어나올 때
와서 함께 우는가
본숭만숭 가만히 들어만 주세요

나를 사랑하지 마세요
사랑을 고백하는 순간

얼마나 많은 새들이 날아갔던가요
얼마나 많은 사랑이 떠나갔던가요

바람의 언덕 2

스쳐간 그 여자에게서 해당화 냄새가 났다

뒷모습을 한참동안 바라보는 사람은 위험하다

저 언덕에 꼭 무엇인가를 두고 온 것 같다

계절은 가을로 힘겹게 넘어가는데

바람의 서점에 폭풍우가 몰려온다

먼저 도착한 나는 신간 서적을 뒤척이다

나중에 도착한 나를 물끄러미 들여다 본다

바람은 형사처럼 지나간 시간을 캐 묻고

온몸을 부셔버리려는 듯 과거를 털어댄다

그 사이 비바람 불고 폭풍우가 지나간다

하루 만에 수염이 한 뼘이나 자랐다

사랑이 무너져 내리는 날들아 안녕,

바다는 허옇게 취하고 언덕은 푸르게 쓰러진다

지심도 동백꽃

선운사 동백꽃은 육자배기지요
전라도 사투리로 목이 쉬여 남았습디다
백제여 백제여
눈물처럼 후두둑 떨어집디다

선운사 백련사 오동도
지심도 동백꽃은 막내라서 서럽다지요
그러나 참말로는
붉은 목젖이 머시 다르겠습니까

바람부는 곳으로
고개를 툭, 뽑아버립니다

치욕의 푸른 바다에 던져버립니다

지지매미

지이이 지이이 운다고 해서
지지매미야
너의 세상 이름은 털매미

몇 겁의 탈각이면
한 무덤이 다른 한 무덤의 등이 되는가
한 허물 위에 또 한 허물 벗었다

소리도 없고 시간도 없어라
저 고요한 풍장

지이이 지이이 운다고 해서
지지매미야
너의 세상 이름은 털매미

오리나무의 기억

가진 게 많아질수록 울타리는 늘어난다

오리나무에 철조망 쿵쿵 못질했다
흡흐, 하고 쉬이, 하는 나무의 심장소리
전보처럼 숲으로 번져나갔으리라
못 박았던 자리
속살에 안겨 고요히 산화하고 있다
체관부는 뜨거운 입술과 혀로
차가운 생을 애무하고 있다
이빨은 철조망을 악, 물고 있다
꼭 껴안고 있다
도려낼 수도
토해낼 수도 없었던 것일까
나무의 뼈가 서걱이는 동안
저 숲과 저 밭도 전전輾轉하고 반측反側했으리라
자기의 뼈로 받아들인 나무는
이미 용서했나보다
저 견고한 긍정
함께 산화하는 시간이 붉다
어느 겨울이 오면

우리 아궁이에 들어 화형하자
못다한 말들 그때서야 타닥타닥 타오르자

울타리는 침입을 막는 것이 아니라
나가려는 것을 붙잡는 경계
기억은 가시철망처럼 박혀서 살아있다

시펄시펄 내리는 눈

마지막 카드를 긁어서 친구는
550원짜리 연탄 이천 장을 들여놓고
따뜻하다

비닐하우스에 흰 눈이 내리고
식물농원 화덕에 둘러앉아
소주를 마신다

물기를 다 쏟아버린 겨울나무가
하우스 밖에서 잉잉 울 때
식구들은 푸른 혓바닥을 화덕 쪽으로
길게 뽑고 있다

새해는 밝아 한 살 씩 더 먹었는데
우리는 왜 갈수록 야위어만 가나

무엇을 잘못했다는 듯이 시펄시펄
흰 눈은 육두문자로 퍼붓고
내일은 8만원 짜리 인력시장도 파이다

연탄은 하얗게 타고
눈은 검어지도록 내리는 날이다

안부를 묻는다

길 고양이 한 마리
자동차 아래에서 건너다 본다

혼자서 먼 길을 달려왔나보다
자동차 밑이 따뜻하다
먼 저녁,
부뚜막에 앉아 있던 그 놈 같다

은행나무 노랑 잎들이
어깨를 두드리며 떨어진다
쓰러진 이파리 위에
별빛내리는 소리 따끔따끔하다

지나온 것들이 우수수
옆구리 사이를 빠져나간다

어디에서 누군가 아프신가
별똥별 하나 사선으로 지나간다

세간에 모든 쏘다니는 것들에게

안부를 묻는다
바람도 간혹 그물에 걸리듯이
모두들 잠시, 안녕하시라

하늘나리

긴 허리 꼿꼿이 세우고
빨간 입술로 무슨 말을 했는데
가물가물하다

그 가시나
팽 토라져 여름 숲으로 떠나버린
새빨간 뒤태

세상에서 제일 못된 말로 욕해줄 테다
문디 가시나
똥강아지야

하루살이

하루가 종일 시인일 때가 있었지요
그 어느 때였던가
가슴 펄떡이던 은어 떼의 시절
비가 비를 적시고 술이 술을 마시고
노래가 노래하던 화살의 시절
시를 쓸 때만이 시인이지요

베이스캠프가 사라져버린 등정가
자꾸만 뒤를 쳐다보는데
산은 높고 안개 자욱자욱하다
풍다우주風茶雨酒에 깃들어
바람 불면 차를 마시고 비오면 술을 마시리

행복을 미루지 마라
긴 비 내리는 날 우산 속으로 폭주하는
하루살이야
눈 깜짝할 사이를 통과해 각막에 맺힌
너의 말은 지금이다 현세다
모든 미래에 대한 약속은 사기다

시동을 끄다

한 시간에 버스 한 대 올까말까 한
대금국민학교 앞 운동장
1학년이나 되었을까 샛노란 가방 메고
딸랑딸랑 달려온다
버스는 서고 풍뎅이 같은 발하나 걸치자마자
아저씨 저…도시락, 교실에 노코 았는데예…
딸랑딸랑 어린학생 운동장을 다시 가로지르고
썬그라스 낀 운전사는 시동을 껐다
수양버들은 한없이 늘어졌다
몇 개, 고무다라이에서 바지락들이 바다소리를 낸다
여남은 아낙들의 입이 바지락을 닮았다
무심하다
5분이 흘렀다 10분이 흘렀다
자동차 페달과 경적과 컴퓨터 자판과 윤전기와 전파,
온 세상의 시간이 멈추다
그 사이 한 점 바람.

새끼꼬기

게으른 놈 낮잠 좋게 비가 오면
우리는 마루청에 앉아 새끼를 꼰다
지푸라기 한낱도 가리지 않고 모아
솔껍질 두 손바닥 새 비벼대며
굵은 힘줄을 키운다
김치내 배인 침 퉤퉤 뱉어가며
세상사 좋은 일에서 다 떠밀려난
어중이떠중이들 한데 얼려서
끊어지지 말아라 새끼를 꼰다
일제공출 이야기에 욕사발이 날고
육이오 피난살이 혀끝을 차다가도
더러는 긴 사설도 섞어
쭉쭉 굵은 힘줄을 뻬낸다
궂은 비처럼 해죽해죽 우는
두손바닥 낫자국도 지워내고
새살 돋히라 새살 돋히라 우리는
흥얼흥얼 새끼를 꼰다

초생달

한걸음만 움직여도
무언가 늘 등을 밀고 있다

서울가는 길
산빨따라 억새꽃 억세게 피다
기슭과 마을 사이
두려움과 그리움 사이로 달리는 막차

언듯언듯 불빛 닿으면
쓰러진 몸으로 서릿발 세워 문 논바닥
서리꽃 눈 시린 차창에 빛나며
사라진 것들

수돗가도 쩡 얼어붙은 겨울 아침
아랫목 이불속 스테인레스 밥 한 그릇
여시고개로 도로포장일 간 어머니
그 헐거운 목장갑처럼

사라지거나 쓰러져 그늘같은 것들이
슬프고 따순 힘으로 등을 민다

산은 산 길게 쓰러지며
야윈 어깨에 초생달 하나
캄캄 세상 떠받치고 있다

매화, 끙과 할 사이

리어카 혼자서 폐지를
끙, 싣고
언덕을 기어서 올라간다
힘 내라고 겨울 바람이 밀어준다

새떼들이
흰 깃털을 뽑으며 날아간 설원인데
차가워라 피 몇 방울
할, 피어났다

앵두나무 일가

앵두는 앵, 자만 들어도
시큼털털한 동그라미가 입안을 구른다

어린 것은 어린 것이어서
농익을 때까지 기다려본 적이 없지
기억의 집은 아이들을 자꾸 토해내고

옛집 뒷마당 앵두나무
붉은 알들을 복장 가득 슬어놓았다

실개천에는 알들을 다 털어낸 가재가
돌 틈에 몸을 숨기고 있을 것이다

제비가 낮게 날면 비가 온단다
늙은 엄마 고구마 줄기를 놓는데
둥근 몸이 땅을 향해 더 둥글다

천년사랑

분수령에 떨어진 빗방울과 같이
각자 따로의 삶을 살아가다가
하고 많은 사람들 중에 오직 한 사람
내 안의 그대 그대 안의 나
햇살 눈부신 사람되어 한 자리에 서서
새로운 분수령을 이루나니 아름답구나

밤새 퍼부어대던 빗줄기 그치고
두 사람이 모여 한 생애를 짊어지고 가는 이날

협곡 만나거든 잡은 손 안타까이 놓지 말고
평지가 나오면 넉넉한 품 세상을 둘러보고
때로는 마른 강바닥에 스미는 깊이의 시간
이 가을처럼 익어가는 세월을 배우리라

홀로 들판에 익어가는 볏단 하나 없고
저 홀로 향기나는 꽃잎 하나 없음이여

한 소년이 자라 능히 어른이 되도록
한 소녀가 자라 능히 어머니가 되도록

눈물과 사랑의 구비구비 산구비여
하늘 바람 구름 바다 세상의 모든 것들이여

햇살처럼 반짝 빛나던 맨 처음의 마음
사랑의 이름으로 와서 영원히 익어가도록
천년의 사랑
모든 세상의 빛나는 것들도
오늘 이 자리에서는 기쁘게 고개를 숙이는구나
아름답거라
자랑차거라
사랑의 새 출발이여.

만남

산길을 걷다가
가재 한 마리 잡았다

십년 만에 본 사람
태어나 처음 본 아이
이십년 만에
삼십년 만에 본 사람

가재 주위로
시간이 웅성웅성하다

또 언제나 만날까
언제나 볼 수 있을까
시끄러운데 가재는

가재는 또 언제 잡힐까
걱정이 계곡이다
더 깊은 시간 속으로
기어 들어간다

그래 우리
다시는 만나지 말자는 듯

공황 장애

문을 박차고 나왔더니

겨우 달팽이집이더라

짐승소리로 크게 한번 울고

몸을 돌돌 말아 넣는다

주름 첩첩한 달팽이뿔

소실점 찾아 다시 입문이다

달팽이 달린다

달팽이는 일체의 제 몸으로

점액의 고속도로를 그린다

풀잎의 길이를 재기 위해

풀잎을 달린다

무덤이기도 밥이기도 한 풀잎

배를 밀어 그리는 오래된 상형문자

한 줄 길다

벚꽃 터널

십대 이십대들은 꽃 보러 가지 않는다
자기가 꽃이거나
꽃이 자기이기 때문이다

꽃 축제라는 축제는 다들 중년이다
길바닥에 화전을 뒤집고 있는
늙은 여자들의 난전
멋모르고 따라온 아이들은
꽃이 되어 사진이 되어준다

꽃 피고 꽃 지는데 윤회는
또 무슨 꽃 이름이더냐

검은 뼈나무가 몸을 부르르 떨자
비늘들이 햇살에 어지럽게 흩날린다

가장 아름다웠던 자신을 보러가는 길이
우글우글하다

벚꽃터널 저 끝으로
멀어지는 옛 사람아

시인의 집

통영 우동리 대촌마을 흙바람벽에
손바닥만한 초가집
지붕만 함석으로 갈아탄 집
방금 팬 장작은 김밥 속처럼 가지런하고

시인 사모님이 뎁혀온
빼떼기죽 한 사발, 하도 달아
나는 소년처럼 서러워졌는데
산비탈 돌부리 같은 고구마가
목울대를 물컹거리다 지나갔다

사랑채 무쇠 난로는 아직 불 꺼져 있고
집 뒤 대숲이 내려와 빽빽하게 둘러서서
시집과 역사책을 읽고 또 읽고

일부러 시내 버리고 산골로 와서
시인은 이를테면 자발적 불편주의자
휴대폰도 없고 테레비도 없고 컴퓨터도 없고
또 말 수도 적어서
시는 만년필로 꾹꾹 눌러 쓴다

자전거 타고 버스타고 통영바다로 출근했다가
기다리던 자전거 타고 되돌아온다
마을입구 느티나무 끼고 왼쪽으로 한 참
돌담길 끝에 시인의 집
오랜 감나무에는 바람도 조용 머물다간다

지리산 안개

개들이 온 거리를 휩쓸고 다녔다
천지사방 컹컹 짖는 소리는 너무 커서
고요에 가까웠다
귀를 의심하다
아침 해를 꽉 물고 있는 개
물린 자국이 배꼽처럼 둥글어
풍덩 뛰어들고 싶었다
이빨에 물린 눈에서는 흰 피가 흐르고
개는 뒷꿈치를 물어뜯고 발목을 잘라갔다
온 몸이 씹혀 물수건 같은 몸으로
꼼짝할 수 없는 나는
청춘처럼 주저앉아 울고 있는데

산이 대신 크게 울어
풀어놓았던 개들을 거둬들였다

개에게 물린 몽유한 날들이다

해설

종의 기원 : 시인의 거처

김만석(문학평론가)

슬픔의 힘

슬픔은 수동적이다. 주체적이고 능동적인 활력과 달리 그것은 외부의 자극에 응답하는 정념이다. 이 때문에 슬픔이 '해방'의 기획에 적절하지 않은 감정이라고 여기면서, 슬픔이 무기력과 허무를 조장하여 이행의 가능성을 억제하고 차단한다고 보는 것이 일반적이었다. 80년대의 투쟁과 항쟁에서 패배의 슬픔이 아니라 늘 그것을 딛고 기쁨으로 나아가야 한다고 하면서, 슬픔을 부정하려고 했던 것도 우연이 아니다. 주체의 의지와 그를 통한 해방의 기획, 사회 변혁에 있어 슬픔은 부차적인 정념이었고 기쁨이야말로 달성해야 할 정념이자 태도였다고 할 수 있다. 이른 바 '전망'이라고 불렀던 예술적 기획이 추구했던 마음의 형식은 바로 기쁨과 신세계에 대한 희망으로 부푼 것이었으니, 그런 세계의 전망과 기획 아래 슬픔이 서식할 수 있는 여지는 별로 없었다고 할 수 있다.

실제로 해방의 기획을 주장하는 많은 담론들은 기본적으로 '기쁨'을 정치화하는 데에 필수적인 정념으로 가정한다. 한국에 소개된 많은 논의들 역시 그러하다. 그렇지만 세계적인 차원에서 '기쁨'이 강조되는 데에 반해 한국에서는 오히려 '슬픔'이 보다 정치적인 맥락을 구성하고 있는 것이 사실이다. '슬픔'은 아직 정치적인 것이 아니지만 공통체 구성의 중요한 원리로 이해한 김영민의 견해나 슬픔과 애도가 일종의 정치적 구성의 가능성을 열어 놓았지만, 아직은 정치적인 구성에 실패한다고 지적하는 권명아의 견해도 기쁨의 능동성과 활력만을 해방의 가능성으로 상상할 수 없다는 것을 지적하고 있다. 무엇보다 김상봉은 한국의 항쟁사를 검토하면서 '슬픔'이야말로 취약한 주체를 보완하는 정념이라고 파악하고 이를 적극적으로 밀고 나아간다.

슬픔은 수동적인 성격을 지니는 것이지만, 그것이 단순히 에너지의 감소와 저해만을 일으키는 것이 아니다. 거꾸로 기쁨의 상태야말로 에너지의 증가를 일으키지만, 그 상태는 누군가와 더불어 일어나는 게 아니라는 점에서 지극히 개별적인 상태에 머물 가능성이 훨씬 크다. 기쁨이 산출하는 즐거움은 주체를 사실 홀로 내버려두기 마련이다. 누군가 거리에서 웃고 있을 때, 그것을 나의 기쁨으로 돌려받는 일은 별로 없다. 오히려 누군가가 고통받고 있을 때, 그것에 반응하는 슬픔이야말로 더불어 있는 상태가 된다. 무엇보다 고통은 그것의 원인에 대한 부정과 극복을 함축하고 있는 것이며 이 과정을 통해서 '기쁨'에 도달할 수 있다는 것을 안다는 점에서, 더욱 중요한 해방의 정념이라고 할 수 있다.

대체로 정념이 사회적 실천의 한 에너지가 될 수 있다고 여기지만, 그것의 정치적 가능성을 그다지 고려하지 않는 일각의 시선에서는 슬픔이 갖는 이런 힘들을 부정할 가능성이 여전히 농후할 것이다. 시가 '정념의 에너지'라고 할 때, 단순히 한 개체의 경험이나 주관적인 차원에 머물러 있는 감정의 형식으로 환원하는 것도 우연한 일이 아니다. 시의 지배적인 정조가 슬픔에 기초한다는 것은 세계 내 거주하는 존재들의 관계 맺음을 홀로 있는 상태로 내버려두는 게 아니라 더불어 있는 상태로 두고자 하는 태도와 다름없다. 시가 구체적인 슬픔들을 길어 올리는 것이라면 현실에 펼쳐진 고통의 원인들을 추적하고 이를 넘어설 수 있게 만들 수 있을 것임은 두말할 필요가 없다. 시가 힘이 되는 것은 바로 이 때문이다.

섬은 남남동으로 항진하고
마을은 그리움에 익숙한 얼굴로 서쪽을 본다
섬마을 꼭대기 조타실 같은 곳에 폐교 하나
망해도 아름답게 망했다
무너져도 폼 나게 무너져 주겠다

—「소매물도 폐교」 부분

원종태의 시에서 슬픔이 드러나는 것은 상실과 소멸에 시적 화자의 응답의 태도에서 기인한다. 부재는 고통을 일으킨다. 그는 항상 현존하지만 부재하는 것으로 이끌리는 존재들에게 눈이 가 있다. 그의 시에서는 학교도, 꽃도, 나무도, 새도, 심지어 섬도 사라지고 없어진다. 그러니까, 그것을 예민하게 슬픔으로 감각한다는 것은 사라지는 대상들을 무능력한 것으로 내버려두는 게 아니라 그것에

동참함으로써 서로가 동등한 존재로 거듭나는 방식이 된다는 것이다. 고통에 처한 존재를 내버려두지 않고 그것과 기꺼이 만나는 모험을 채택함으로써 슬픔의 세계를 다만 슬픔으로 내동댕이치지 않고 "폼 나게 무너"지는 사랑의 가능성으로 열어 둔다. 아니, 차라리 사랑은 바로 그러한 방식을 통해서만 겨우 가능하다고 해야 할 것이다. "아름답게 망"하는 방식 말이다.

진화와 이행의 서막

한편, 원종태의 시편들은 어떤 종의 진화를 상기하게 만든다. 흔히 인간종의 진화 규칙을 이족 보행과 굽은 등이 펴지는 이미지로 표현한 것처럼, 그의 시집에는 어떤 생명체의 진화 과정을 다루고 있다. 물론 그는 그것을 '진화'라는 생물학적 완전성의 문제로 다루지는 않는다. 대체로 '진화'를 목적론적으로 사고할 때, '인간' 종을 만물의 영장으로 가정하고 지구에 거주하는 모든 생명체에 대한 독점적 지위를 주장하는 삿된 근거가 될 수 있는 위험을 피하지 못하는 것이 일반적이다. 즉 그는 어떤 생명체의 목적론적인 최종지점 아니라, '이행'의 가능성을 폐기하지 않고 보존한다. 그에게 있어서 진화는 인간종으로 굳어버린 개체의 문제가 아니라, 다양한 개체화에도 불구하고 특정한 종으로 굳어버리지 않는 어떤 생명에 관한 것이다. 아무래도 그는 그 생명을 시로 받아들이고 있는 듯하다. 아니, 그에게는 시가 생명의 바다다.

실제로 시가 어떤 목적론적인 최종지점에 도착했다는 전언을 아직 누구도 들어본 적이 없다. 목적론과 아주 유사한 두 가지 분화들이 없지 않았지만, 그러한 분화는 또 다른 방향으로 넘어가고 있는 중이다. 리얼리즘과 모더니즘이라는 오랜 분화 규칙들은 이제 '종'

잡을 수 없는 방식으로 나아가고 있는 것이다. 여전히 시는 생명을 잉태하고 산출하고 있으며 심지어는 자신과 결단코 닮았다고 보기 어려운 개체까지 출산하고 있으니 세간에 알려진 것처럼 위기라거나 죽음이라거나 하는 생명력은 소진은 일어난 적이 없다. 또 그럴리도 없다. 시의 생명이 지속적으로 분기되거나 분화되고 있다면 시를 만났음에도 그것이 시인지 모르거나 오히려 낯을 모르는 것으로부터 시의 얼굴을 만나게 될 가능성이 오늘날 훨씬 지대하다고 할 수 있다.

물론 그는 시의 분기나 분화의 끝자락에 막 제 꼴을 갖춘 어떤 종이지만, 자신을 몰라보도록 하는 얼굴로 조성하지 않는다. 그보다 그가 관심을 갖는 것은 시의 바다에서 그가 어떻게 섬에 이르게 되었는지, 그 섬에서 무엇을 만나 대화를 나누었는지, 어떻게 해안선에 이르렀는지 그리고 뭍에는 왜 가게 되었는지 그래서 속절없이 다시 바다로 되돌아오고 말았는지에 대해서다. 그것은 온통 만남의 흔적이다. 그에게 진화는 만남의 문제다. 나무가 계절을 만나고 거듭하면서 나이테를 두르듯, 그 역시 숱한 생명들과 조우하면서 꼬리를 만들고 앞발과 뒷발을 만들었으며 헤엄을 치다가 이족보행까지 할 수 있게 되었다. 그의 몸에 진화와 이행의 숱한 곡절들이 쟁여있는 것은 그만큼 시라는 생명이 근원적으로 내리는 요구에 그가 충실하다는 것을 알려준다. 모험하라는 명령 말이다.

> 당신은 바깥에 와서 더 바깥이 그립다고 한다
> 낙원과 변방과 세속 사이
> 보이지 않는 곳에서 꽃이 피고 또 진다
>
> —「외도 해상공원」 부분

시—생명이 모험을 요구할 때, 시인은 응당 만남을 정리해야 하고 새로운 만남에 대비해야 하는 것은 주지의 사실이다. 머무름은 썩는 것이다. 머물러 썩어야 할 때도 있지만, 운동이 정지할 때, 세계가 썩는다는 게 문제가 된다. 그것은 세계를 내팽개치는 것이다. 세계를 재난과 폐허로 내버리는 것이다. 달리 말해 모험이 세계를 돌보는 것이라면, 머무름은 세계에 대한 부정이고 종말의 다른 이름일 것이다. 그런 점에서 생명은 새로운 조건 안에서 삶의 가능성을 모색해야 하는 것일 수밖에 없다. 그것이 진화와 이행을 이루어낼 것이기 때문이다. 그렇지만 그러한 만남을 새로운 차원으로 넘어가도록 만드는 것은 쉬운 일이 아니다. 그 과정은 늘 감당하기 쉽지 않은 슬픔에 한 발 푹 젖는 일부터 시작될 수밖에 없다. 머무르기도 전에 이 세계가 먼저 썩어버렸다면 대체 어떻게 할 것인가. 그 슬픔이 사랑의 가능성을 만들지만 말이다. 그러기 위해서라도 함부로 사랑과 고백을 하는 것은 불가능하다.

나를 사랑하지 마세요
사랑을 고백하는 순간
얼마나 많은 새들이 날아갔던가요
얼마나 많은 사랑이 떠나갔던가요

—「팔색조 도래지」 부분

시인이 모험을 포기할 리는 없다. "당신이 끝나면/ 아름다운 지옥으로 되돌아오고야 말겠지만, 말겠지만"(「소매물도, 아디지오」) 지옥에서조차 세계가 상실한 그 무엇과 만난다. "언양반구대"에서는 한 때 고래였던 자신의 뼈를 바람이 탁본해 가기도 하고 산짐승과 만났던 시절을 기억「언양반구대」)하는 것은 과장이 아니다. 저 진화와 이행은 어떤 생물학적 위계를 전혀 상정하고 있지 않으며 바다의 심부로 되돌아가는 것이 더 근본적인 생명이라고 알려준다. 그가 보기에 "사람이나 개값이나 같다" "사람들도 짐승들도/ 제 배 삯만큼 떠들면서"(「가조도 페리호」)함께 하는 것이 세계의 비밀한 속성이라고 말한다. 물론 이 가능성이 열리기 위해선, 진화와 이행의 거점인 "섬"이 존재해야 하지만 말이다. 섬은 "바깥"과의 접속지점이고 거기가 어떤 경계가 "외도"(「외도 해상공원」) 가능한 장소이므로 섬이 부재할 때, 그 가능성은 생성되기 어렵다고 본다. 그렇다고 시인이 모험을 포기하는 것은 아니다.

시인에 따르면 섬, 곧 서로 다른 세계가 부딪고 흔들리고 뒤틀리는 장소가 상실되고 있다면, 종과 종의 위계를 평등하게 바로 잡을 수 있는 여지는 줄어든다. 그래서 시인은 "인간 동물들"에 대해 경고하기를 주저하지 않는다. 무엇보다 "몸의 마음"을 바로잡아야 한다고, "처음이었던 푸른 혈맥을 따라/ 식물성에 경배하라"고 말한다. 즉 꽃은 섬이며 신성("예수고 부처고 알라다 창조주다")의 영토이므로 저들을 통해서 인간이 성취한 게 있다면 "저작권에 인세"를 내야 하는 것이라고 선명하게 표시한다(「풀꽃 경배」). 섬=꽃은 언제나 "건너갈까요?" "건너왔을까요?"(「동백계절」)라는 공손한 물음 속에서 도착하거나 맞이할 수 있을 뿐이다. 섬=꽃의 생성을 아무리 지질학과 생물학을 통해서 지도를 그린다 해도 오고감으로부터 비롯되는 도착은 주체의 의지를 비켜서 있다.

생물학적 진화가 바다로부터 점진적으로 대지로의 생명체의 이동이라는 현상을 고려해보면, 원종태는 시적 진화도 이와 매우 유사하다는 것을 볼 수 있다. 그는 바다로부터 출현한 존재로 바다를 등지고 섬과 섬 그리고 해안선과 뭍의 도로를 샅샅이 훑어 다시 바다로 되돌아오는 순환적 진화의 궤도를 시편을 통해서 그리고 있다. 이 궤도는 동일한 궤적을 그리지 않는다는 것을 주지해야 한다. 그러나 문제는 이것의 절대적인 파괴일 것이다.

> 새와 물고기에게 물어보라/ 곤충과 풀잎에게 물어보라/ 아무리 추워도 새는/ 지구 밖 다른 별로 날아가지 않는다/ 광속의 날개가 없어서가 아니라/ 한 번의 날개 짓으로 구만리 장천 날지 못해서가 아니라/ 아무리 뜨거워도 물고기는/ 물 밖으로 떠나지 않는다/ 심해로 심해로 밀리다가 밀리다가/ 더 갈 곳 없으면 주저앉은 채 꽉 죽어버리면 그 뿐/ 가장 살기 좋은 곳은 또한 가장 죽기 좋은 곳/ 이 곳이었구나 이 곳이었구나/ 생명들의 거처/ 새는 하늘을 버리지 않고/ 물고기는 바다를 버리지 않는다/ 곤충은 나무를 버리지 않고/ 풀잎은 흙을 버리지 않는다// 아무리 배고파도 새는/ 콩깍지 한 점으로 배를 채울 뿐/ 무겁지 않다/ 바람이 날개를 받쳐주고 산들이 갈 길을 일러준다/ 아무리 배고파도 물고기는 한 모금 물로 배를 채울 뿐/ 욕심이 없다/ 해류에 몸을 맡기고 바다의 노래를 듣는다/ 곤충은 한 잎 잎사귀만 먹고/ 풀잎은 한 줄기 이슬만 머금고/ 더는 취하지 않는다// 여차하면 떠날 준비로 시동걸린 자동차에게/ 하늘과 바다를 삼키는 황금사슬에게 묻는다/ 묻는다 새와 물고기의 이름으로/ 곤충과 풀잎의 이름으로 묻는다
>
> —「거처」 전문

본래적인 것의 광범위한 상실과 파괴는 돌이킬 수 없다. "거처"는 주어진 것이 아니라 발굴해야 할 것으로 전환되고 삶은 이미 비정규화되어 있다. 정처는 없고 유랑과 이동이 삶에게 강제된 조건이 되었다. 바다 저 깊은 곳에서 올라온 짐승인 시인이 이 세계와 불화하는 것은 당연한 것일 수밖에 없다. 이 시에서 잘 나타나듯이, 부정의 서술어는 존재의 가능성을 제한하고 한정한다. "않는다"의 반복은 존재의 가능성을 옥죄는 목줄로, 생명의 지속을 의문으로 남긴다. "물어보라"로부터 "묻는다"로 이행한 화법은 질문이 아니라, 저 이름들이 보존될 수 있는 가능성이 아직은 남아 있지 않는가라는 시인

의 미약한 희망이 처절하게 담긴 것이라고 보는 게 옳다. 시인은 포기하지 않았다. 그렇지만 진화의 가능성이 희박해진 시점에서 시적 이행마저도 모든 거처가 '풍장'(「지지매미」)되어 불모로 남게 될 여지가 커진 것이라고 할까. 끝끝내 그가 풍장으로 빛나는 뼈(「풍장」)에게 희망을 거는 건 지나친 것이 아니니라.

시인의 저 희박한 희망을 낭만적이라고 볼 수 없는 것은 그가 시적으로 무척 성실하기 때문이다. 바다에서 섬으로 올라온 시적 화자는 식생의 보고에 관심을 기울인다. "하늘나리", "오리나무", "감자꽃", "물푸레나무", "민들레", "소나무"에서부터 그 속에 거주하는 "능구렁이", "두꺼비", "매미" 따위들의 식생을 안착시키려 분투한다. 뿐만 아니라 그는 종과 종이 결속하는 장소로서 남해의 '포구'와 자연지리를 새기는 것을 잊지 않는다. "외포리", "지세포", "삼천포", "도장포" 등이 그것이고 이러한 포구들을 지나서 만나는 "남해금산", "화개십리", "미륵산"이나 "금강산", "산티아고"가 놓치지 않는다. 이 산을 넘어서면 곧바로 뭍이다. 지리적인 차원에서는 물론 그렇지 않지만, 시적 지도에는 도시와 국가 따위가 고통스럽게 자리잡고 있는 것을 목격할 수 있다. 시인이 진화생물학자에서 문화지리학자로 거듭나야 하는 것도 이 때문이다.

간첩, 문화지리학자

실제로 그는 바다에서 시인으로 태어났다. 그래서 섬에 겨우 도착했다. 따라서 그는 바다의 종이라고 할 수 있을지 모른다. 두 가지 차원의 종. 그러니까, 그는 바다에서 출현한 생명체이면서 바다의 언어를 전하는 사자로서 종이다. 그러나 바다와 바다로부터 출현한 생명이 서식할 수 있는 장소는 더 이상 자명하지 않다. 발명하지 않고서는 그 생명들이 생장하기란 요원하다. 시인에게 시가 바다에서 출현한 생명체라는 것, 그래서 시가 서식하는 도시는 결단코 시에게 좋은 서식지 될 수 없고 정처를 제공하지도 않는다. 시인의 삶이 부박하고 고통에 처하는 것은 그런 점에서 당연한 노릇이다. 시인이 "5월이 내 생의 8할을 물들였다"고 "거리와 연애"했지만 여전히 "능지처참의 꽃잎 위를 걷고 있다"(「5월」)고 말하는 것을 보라. 삶이 아니라 죽음이 강제되는 시대에 생명의 원리인 시가 살아갈 수 있는 방법이 있었을 리 없다. 그것은 차라리 역사적이다. 물론 고통과 노예화가 영속된다고 생각해선 안 된다. 오히려 수난과 항쟁이 겹쳐지는 것을 상기하면, 여전히 희망은 상실된 것이 아니다. 시인은 도시에 아직 생존한 생명을 훔치고 존재의 비밀을 몰래 옮겨온다.

그런점에서 모든 시인은 간첩이다. 실제로 그렇게 규정된 적도 있었다. 이적행위로 체포되고 구금되어 영어의 삶이 시인의 삶이었던 적이 꽤나 오래였으니, 간첩이 아니고서는 시인도 아니었다. 그러니까, 간첩이 되어서야 시인이라는 이름을 할당받을 수 있었다. 간첩이 무엇이던가. 세계에 잘못 놓여 있는 자들을 모두 일러 간첩이라고 할 수 있지 않던가. 그는 세계를 다른 방식으로 바라보고 모두가 누리는 일상을 일상으로 누리지 못하고 그 평온한 세계의 기호와 체계를 달리 배치하고 다르게 읽는 자를 뜻할 것이다. 그러니 어찌 간첩이 시인이 아니겠는가. 그의 말은 모두 현실에 꿰어 맞추어지지 않는 언어이다. 심지어 현실의 일상적 용법을 통해선 독해되지 않을 뿐만 아니라 자칫 '해독'을 해야만 그의 말에 가닿을 수 있기까지 하다. 그의 말을 잘못 삼킬 때, 세계 속에 용해되지 않고 남는 이물감이 위통을 일으키고 구토를 일으켜 끝내 그것을 소화하지 못할 것임은 두말할 필요가 없다.

그러므로 다른 세계로부터 도착한 그와 그의 언어는 이 세계와 영원히 불화하며 언어는 풀리지 않는 암호로 나타난다. 그때, 저편의 세계를 이편의 언어로 전환하는 과정, 곧 세계의 번역이 초래된다. 중요한 것은 바로 그러한 순간에 저편과 이편이 하나로 통합되지 않고 반드시 두 세계의 공존을 보존하게 된다는 사실이다. 이쪽이 저쪽을 장악하고 부정하고 은폐하기보다, 현실에 나타난 적이 없는 세계가 언어를 통해서 문득 세계 이편에 현존한다는 것이다. 물론 저편의 세계가 분명한 '형상'을 갖추고 등장하는 것은 아니다. 그것은 언제나 부분적일 뿐이다. 그러므로 저편 세계의 전모를 매만지는 건 불가능한 일이다. 따라서 세계 이편에 등장한 저편의 '언어'는 완전히 이 세계의 것도 아니고 완전히 저 세계의 것으로도 환원할 수 없는 방식으로 존립할 따름이다. 시인은 말과 더불어 그 어디에도 완전히 넘어가지 않은 자이며 비틀거리기만 할 뿐 넘어지지 않는 자라고 할 수 있다. 간첩에게 돌아갈 "베이스캠프"(「하루살이」)는 없다.

> 한 발자국만 움직여도 세상은 늘 지뢰밭이다// 음주운전처럼 비틀거리던 쑥대자루 몇 묶음// 돌덩이처럼 가라앉는다// 더운 김은 전생처럼 어지러이 피어오르는데// 잡담은 불경처럼 성스럽고// 아이들의 장난소리도 풍경소리처럼 그럴듯하다// 연꽃탕 보글보글 피어오르는 물방울들// 순간순간 공이다// 나이아가라 폭포 몇 줄기 그림에서 막 미끄러지자// 미역감던 조선 여인들은 벽속으로 들어가면서// 힐끔힐끔 이 생을 훔쳐본다// 반가사유 폼을 잡는 사내의 등을 타고// 가끔은 용도 승천하는 때가 있다니// 피-우 피-우 피안은 멀지않다고// 염소얼굴을 한 영감들이 열탕에서 자꾸만 게송을 왼다// 가부좌를 틀고 모두들 적멸하는 오후
>
> —「적멸 목욕탕」 전문

세상은 삶의 안전은커녕 “지뢰밭이다.” 시인=간첩들은 이 위기를 가까스로 넘어 “전생”을 훔쳐오고 “불경”을 독해한다. 움직일 수 없을 바에야 ‘적멸’이 더 나은 것일지도 모른다고, 모두들 그런 정도의 지혜를 가지고 있다고 여긴다. 또 김광석의 노래를 들으면서 “한 시대와 함께 사랑은 갔지만/ 새로운 시대는 아직 오지 않았다 오지 않을 지도 모른다”(「김광석을 듣는 밤」)고 깨닫기도 한다. 그러한 앎은 자신의 것이 아니라 훔쳐온 것이다. 훔쳐 자신이 갖는 게 아니라 시로 나누어지는 것이다. 세계와 사물이 비밀하게 알려준 속살에 시인=간첩은 그저 응답할 따름이다. 시인=간첩에겐 세상의 모든 것들이 “안부를 묻는”(「안부를 묻는다」) 것이니 그는 그것에 늘 응답하고 공대하며 살아갈 도리 외엔 없는 것이다. 그러므로 시인=간첩은 훔치는 자면서 응답하고 공대하는 자를 일컫어야 한다. 물론 훔치는 것은 ‘능동’이 아니라 ‘수동’으로부터 비롯된 것이라는 것을 유의해야 한다. 훔치기와 응답, 공대가 공존할 수 있는 것은 이 때문이다.

그렇지만 간첩으로부터 듣는 비밀한 정보가 안착할 토양이 없다. 그가 바다로부터 섬으로 포구로 산으로 그리고 도시로 넘어왔지만, 그 이동은 너무 섣부르다. 다시 말해보자. 시인이 간첩이라면, 그는 어딘가에서 온 것이다. 그때, 우리는 두 가지 질문으로 시인의 존재론적인 성격을 고려해 보아야 한다. 시인은 물을 건너온 사람일까, 물속에서 걸어 나온 사람일까? 물을 건너온 사람일 때, 시인은 예언자가 될 것이고, 물속에서 나왔을 때 그는 근원적인 그 무엇으로 비롯된 존재일 것이다. 달리 말해, 건너온 자로서 시인과 걸어 나온 자로서 시인은 세계 저편으로부터 온 것으로서 시인과 세계 이편에 항상 있었지만 아직 누구도 그 형상을 알아채지 못한 것으로서 시인에 각각 상응한다고 할 수 있다. 무엇보다 그것이 단순히 물이 아니라, '바다'일 때 건너온 자로서 시인과 걸어 나온 자로서 시인의 말하기나 걷기, 방향은 매우 상이할 수밖에 없을 것이다. 저 너머와 저 깊이에서 온 상이한 두 존재로서 바다 그리고 시인의 경우를 염두에 두어야 한다는 것이다.

이를 분별해야 하는 것은 시사의 중심 주제 가운데 하나이기 때문이다. 먼저 바다 너머에서 온 것이 대체로 한국의 근현대시와 해양시의 존재론적인 문제에 가닿아 있는 것이라고 할 수 있다. 다음으로 바다의 깊이를 측량하려는 시도가 근대정신의 한계를 드러내는 데 다다르지 못하고 그것을 측량하는 데에 실패했다고 할 수 있다. 현해탄이 그러했거니와, 그것 너머로 나아가고자 했던 시도가 (대동아/태평양)전쟁이라는 카타스트로프로 환수되었다는 것을 기억하면, 바다를 바라보며 그 너머를 응시하는 시도는 매우 위험천만한 것이라고 할 수 있다. 그렇다고 깊이에 몰입하는 것이 능사는 아니었다. 그것은 다만 죽음을 각오하고서만 있을 수 있는 것이어서, 홀로 침잠하는 사태를 낳을 뿐이었다. 그렇지만 표면에는 파문이 일어나고 파문은 언제나 깊이를 낳는다. 심연을 빛이 발굴할 때, 심해어가 단생할 것이고 그것이 섬에 닿아, 해안선으로, 뭍으로 오를 것이다.

논, 만물 플랫폼

시인이 섣부른 게 아니다. 시인은 이미 알고 있었다. 그는 바람과 파도의 결을 타고 섬과 해안선, 뭍에 도착한 시인이다. 달리 말해 그는 저 먼 바다를 등지고 이편을 바라보고 있는 존재이면서 동시에 바다 밑 심해어의 진화의 한 양상을 보여주는 시인이기도 하다. 그는 부지불식간에 바다 바람과 파도를 타고 이편에 '도착'한 존재로, 두 언어를 구사하는 존재이기도 하다. 그는 바다로부터 걸어 나와 농사를 통해 생명의 가능성을 검토한다. 섬=꽃이 경계의 영역이었다면 농사짓기는 그에게 만물의 깃듦으로 나타난다. 만물이 평등하게 도래할 수 있는 가능성을 농사짓기를 통해서 조직하려 하는 것이다. 이는 경계의 발굴과는 달리 장을 조성하고 형성하는 실천적인 작업에 가깝다. 논을 만들어 놓고 벼를 심으면 그 속에 우주 만물이 깃드는 것으로 이해한다는 것이다. 바다에서 막 걸어나온 간첩이었던 시인이 "멸문지화"와 "적멸"과 같은 죽음을 만나다면 농사꾼은 죽음조차도 생명으로 전환하는 존재로 변모한다. 이는 시인의 근본적 문명에 대한 여전한 신뢰를 의미한다고 할 수 있다. 그러니까, 인간이라는 종은 농사를 지었고, 그 속에서 더불어 생존과 지속을 도모했다는 것이다. 그는 함부로 산 너머 도시로 곧장 간 것이 아니다.

벼 피 새풀 자귀풀 뚝새풀/ 물질경이 물달개비 통발 물옥잠 보풀/ 고마리 방동사니 방동사니아재비 마름 골풀/ 삘기 구와말 쇠뜨기 개느삼 강아지풀/ 패랭이꽃 엉겅퀴 냉이 꿀풀 애기똥풀/ 씀바귀 조밥나물 물매화 며느리밥풀/ 질경이 짚신나물 사위질빵 물봉선 이질풀/ 찔레꽃 주름잎 뻐꾹채 미나리 닭의장풀/ 제비꽃 오랑캐꽃 메꽃 민들레꽃/ 돈나물 마타리 자운영 부평초 개구리밥 콩/ 무당벌레 물잠자리 밀잠자리 등줄실잠자리/ 호랑거미 늑대거미 소금쟁이 벼메뚜기/ 청개구리 참개구리 무당개구리 아무르산개구리/ 뜸부기 백로 중대백로 논병아리 흰뺨검둥오리/ 유혈목이 물재수 능구렁이 제비/ 도룡뇽 도마뱀새끼 물땡땡이 잔물땡땡이/ 두꺼비 우렁이알 짚신벌레 올챙이/ 물자라 송장헤엄치게 송사리 게아재비/ 물방개 땅콩물방개 꼬마줄물방개 개미/ 물달팽이 물장군 수정또아리 미꾸라지 거머리/ 우렁 드렁허리 장구벌레 깔다구 장구애비/ 긴꼬리투구새우 풍년새우 가재 붕어 실지렁이/ 강아지 염소 송아지 비오는 날 일하는 소/ 물컹한 흙 논물드는 소리/ 아버지의 희디흰 복숭아뼈 무덤

—「논, 화엄」 전문

농사는 어떤 개인적 체험의 층위를 넘어서 있는 경험이다. 논은 플랫폼이다. 문제는 이 논이 "무덤"와 연관된다는 사실일 것이다. 저 풍부한 식생의 보고를 우리 시대는 더 이상 만나지 못한다. 그렇다면, 이 논은 현실적 플랫폼일 수 없다. 그래서 논을 중심으로 모여 사는 마을공동체는 이전의 것과 같은 방식일리 없다. 「새끼꼬기」, 「여시고개」나 「밀밭의 역사」, 「초생달」, 「얼음골 사과」, 「가뭄」 같은 시편들이 유년의 농경 공동체의 체험이 녹아 있지만, 그것이 고통으로 수렴되는 것은 그래서 자연스러운 전개라고 할 수 있다. 따라서 논이라는 저 화엄의 복원은 매우 중요한 것이지만, 그럴 가능성이 거의 없는 상태다. "농사는 절대 짓지 마라/노가다는 하지 마라/ 책상에 앉아서 펜대 굴리라/ 면서기라도 되어라 공부해라"(「목장갑」)는 시인 부친의 음성은 단순히 과거의 기억을 떠올리는 차원에서 제시되는 말이 아니다. 그러므로 농사짓기의 어려움이나 고통은 저러한 만물이 모여드는 불가능성을 시사한다는 점에서, 우리로 하여금 그러한 불가능성을 해체하고 가능성을 실현하도록 요청한다.

새마을운동이나 산업화가 파괴해버린 농촌 공동체를 다시 농촌에 복원하는 게 중요한 일이 아니다. 저러한 화엄의 경시를 보고 듣는 역량의 증진이 더욱 중요하다. 시인에 따르면 그 전형은 "전봉준"이다. "민중속에서 스스로 길이던 사람"(「전봉준」)이 그라고 할 수 있다. 그러니까, 스스로 걸어간 자 혹은 스스로 걸어 나온 자, 곧 시인이 평등한 생명의 지도를 그릴 수 있다는 의미이다. 시인의 길이 화엄의 플랫폼을 조성할 수 있다는 것이다. 즉, 이제 시인의 모든 행보는 화엄을 이룰 것이고 상실된 모든 존재들이 깃드는 마당을 형성할 것이다. 「팽팽한 저녁」, 「목장갑」, 「매화, 꽁과 할 사이」,

「할미꽃」이 가난과 빈곤, 외로움에 젖어든 사람들을 포착하고 그 생을 탐문하여 모시려는 것도 이의 일환이다. 도시에 논 만들기로서 시작이라고 해야 할까.

도시적 삶을 다시 일구어야 할 삶으로 여기는 것은 도시에서의 삶이 대체로 "통짜로 완전히 망"하기 때문이다(「진다는 것」). 특히 망해 있는 것은 "중년"(「벚꽃 터널」)인데 "문을 박차고 나"와도 "겨우 달팽이집"이고 "무덤이기도 밥이기도 한"(공황장애」) 것으로부터 한걸음도 벗어날 수 없다고 여긴다. 문신으로 새겨진 '사랑'은 몸에 여전히 살아 있지만, 그러한 그림은 "패배의 기억"(「푸른 사랑」)일 뿐이라고 진단한다. 이들이 기획한 미래는 이미 파괴되었고 그것은 이제 불모의 영토가 되어버렸다. 실제로 인구학적 정보에 따르면 도시에는 망한 것들이 살고 농촌에는 더 망한 것들이 사는 것 아닐까? 도시가 망한 중년들의 기억과 삶이 엉켜 있는 시공간이라면 바로 여기가 논이겠다. 모든 것들이 더불어 있는 것으로서 논이 바로 도시인 것이다. 그러므로 도시는 생명의 원천인 바다가 아니겠는가.

그가 '사랑'을 결코 저버리지 않는다는 것을 주의해서 봐야 하는 것도 이 때문이다. 모두에 말했듯, 그는 슬픔이 만남의 가능성을 정초하고 만남이 사랑을 조성하는 원천이라고 할 때, 현실적으로 가능한 것이 정지하거나 망할 때 비로소 만남과 사랑이 이루어지는 것이라고 이해한다. 가능한 것이 소진되어서야 드디어 가능한 사랑이 열리는 역설 앞으로 우리를 데려다 놓는다는 것이다. 진화생물학자로부터 간첩으로 문화지리학자로 그리고 끝내 도시학과 사랑학으로 이어지는 그의 진화와 이행이 또 다른 섬과 꽃 해안선과 대지를 모험할 것임은 당연할 것이다. 그는 이제 세계의 지형도를 그

렸을 뿐이다. 무시무시한 심해의 언어가 시작될지 모른다. “한마디 말을 위해 그는/ 몇 억 개의 잘린 혀가 필요했”(「얼레지」)다고 단단히 각오를 되새기기도 했으니 말이다. 그가 알려준 대로 귀와 눈을 크게 뜨고 그의 항해와 모험을 기다리자.